승리의 생활

네비게이토 선교회는
국제적이며 복음적인 기독교 기관이다.
예수 그리스도께서는 자기를 따르는 자들에게
"너희는 가서 모든 족속으로 제자를 삼으라"
(마태복음 28:19)는 지상사명을 주셨다.
네비게이토 선교회는 세계 모든 국가에서
예수 그리스도의 일꾼들을 배가시켜
이 지상사명의 성취를 돕는 것을
근본 목표로 하고 있다.

네비게이토 출판사는
네비게이토 선교회의 문서 선교를 담당하고 있다.
본 출판사에서는 그리스도인의 영적 성장을 돕는
서적과 자료들을 출판하여,
그리스도인의 삶의 기초가 견고한
헌신된 제자로 성장하게 하고,
나아가 성숙한 인격과 지도력을 갖춘
일꾼이 되도록 돕고 있다.

승리의 생활

The Life of Victory

(Philippians)

SCL9

Studies in Christian Living

그리스도인의 생활 연구 제9권

네비게이토 출판사

TO KNOW CHRIST AND TO MAKE HIM KNOWN

태도가 중요합니다

세 대륙의 개척 선교사 C. T. 스터드에 관한 이런 이야기가 있습니다. "그가 배운 중요한 교훈은 다른 모든 책들은 제쳐 놓고라도 한 책 즉 성경에 전념하는 사람이 되는 것이었습니다. 그는 발견한 사실들을 자세히 기록하면서 어린아이와 같은 태도로 성령께서 그 말씀을 깨닫게 해주실 것을 믿으며 성경을 받아들였습니다. 이와 같이 그는 성령과 말씀을 통하여 하나님과 직접적인 교제를 나누며 살았습니다. 그는 하나님과 동행하는 비결을 배웠던 것입니다."

하나님께서 사람에게 주신 기록된 계시인 성경을 대하는 우리의 태도는 하나님 자신을 향한 우리의 태도를 크게 반영해 줍니다. 하나님과의 교제를 진지하게 추구하는 사람은 엠마오 도상의 제자들이 말한 것처럼 하나님의 말씀을 통해서 그 축복을 발견하게 될 것입니다.

> "…우리에게 성경을 풀어 주실 때에 우리 속에서 마음이 뜨겁지 아니하더냐?"
>
> 누가복음 24:32

만일 우리가 성경을 하나님의 유일한 책으로 알고 있다면, 우리는 C. T.

스터드처럼 다른 책들보다 성경에 우선권을 둘 것입니다. 하나님을 단순히 믿고 의지하는 태도는 독자로 하여금 하나님의 말씀이 말하여 주는 바를 믿음으로 받아들이도록 해줍니다. 그리고 무엇보다도 하나님을 기쁘시게 해드리기를 바라는 사람은 오로지 순종하고자 하는 한결같은 마음가짐으로 성경을 보게 될 것입니다.

제9권을 공부해 나갈 때에 하나님의 말씀에 대한 올바른 태도, 즉 성경의 권위와 능력에 대한 믿음을 갖기 위하여 하나님께 이렇게 기도하십시오. 즉 말씀에 우선권을 두고 당신을 향한 교훈에 순종하고자 하는 마음을 주시도록, 그리고 하나님과 교제를 가질 수 있다는 기대의 마음을 주시도록 기도하십시오. 말씀으로부터 가장 좋은 것을 얻기 위해서는 당신의 최선을 다하여 말씀을 연구해야 한다는 것을 명심하십시오. 즉 당신의 최선의 시간과 최선의 마음 자세와 최선의 노력을 드리십시오.

제7권과 제8권에서 성경 말씀을 자신의 말로 고쳐 쓰는 것, 요약하는 것, 참조 구절을 찾는 것, 개인적으로 적용하는 방법 등을 배웠습니다.

빌립보서를 6주간에 걸쳐 공부를 하면서 당신은 성경 분석의 원리들을 더 배우게 될 것입니다. 즉 개요를 요약해 적는 방법, 보다 충실한 적용을 할 수 있는 방법, 의문점의 답을 찾는 방법, 한 장씩 공부한 후에 그 서신서 전체를 요약하는 방법 등을 배우게 될 것입니다.

'**그리스도인의 생활 연구**'의 마지막 책인 제10권은 당신 스스로 성서 탐구 용지를 사용하여 공부할 수 있도록 해주며, 체계적인 성경 연구를 계속해 나가도록 도와줄 것입니다.

> "성경은 다른 책과 달라서 일반적인 책을 읽거나 해석하는 자세로 성경을 대해서는 안 됩니다. 성경이 책들 가운데 있는 것은 마치 그리스도 예수께서 사람 가운데 계신 것과 같습니다. 예수님께서 하나님이시며 동시에 인간이셨던 것처럼, 성경도 하나님의 말씀이며 동시에 인간의 언어로 되어 있습니다. 그렇

기 때문에 우리는 성령을 통해서만 말씀의 참된 의미를 이해할 수 있습니다."

- 아돌프 사필

제9권은 제7권과 제8권에서 다룬 기본적인 성경공부 원리와 방법을 계속 발전시켜 나가는 과정이므로 먼저 제7권과 제8권을 끝마치는 것이 중요합니다.

빌립보서
예비 공부

제7권과 제8권에서와 같이, 이 서신을 장별로 분석하기 전에 먼저 이 책의 배경을 알고 이 서신에 관한 사실들을 공부하십시오. 성경이나 성경 핸드북 등을 사용하여 다음 사항들을 공부함으로 시작하십시오.

빌립보서의 기록자

이 서신을 쓴 시기

데살로니가전서보다 먼저 기록되었습니까? 나중에 기록되었습니까?

누구에게 보낸 서신입니까?

빌립보는 데살로니가와 지역상 어떤 위치에 있습니까?

빌립보 교회는 언제 세워졌습니까?

빌립보 교회

빌립보 교회의 시작에 대한 이야기는 사도행전 16:9-40에서 볼 수 있습니다. 주의 깊게 읽고 다음 질문에 답하십시오.

1. 빌립보는 어떻게 묘사되어 있습니까? (12절)

2. 바울은 제일 먼저 어디에서 주님에 대하여 사람들에게 이야기하였습니까? (13절)

3. 누가 맨 먼저 바울의 전도에 반응을 보였습니까?

4. 바울과 실라가 고소된 이유는 무엇입니까? (20-21절)

5. 그들은 이 떠들썩한 사건에 대해 어떤 판결을 받았습니까?

6. 그들이 투옥되었을 때 취한 태도를 당신 자신의 말로 쓰십시오.

7. 그 간수는 무엇을 알기를 간절히 원하였습니까?

바울의 대답은 무엇이었습니까?

8. 결국 관리들은 바울과 실라에게 무엇을 요청했습니까?

바울이 빌립보서를 쓴 이유

빌립보서를 여러 번 읽어 보십시오. 한번 책을 들었으면 적어도 그 자리에서 한 번 이상 차분히 읽도록 하십시오. 읽을 때 이 서신의 중요한 목적이나 주제가 된다고 생각하는 바를 정하고 그것을 아래에 적으십시오. 그러고 나서 그 중요한 주제의 내용을 포함하고 있는 구절들을 기록하면서 보다 천천히 읽어 나가십시오. 주제와 연관해서 각 구절이 말하여 주는 바를 간단히 기록해 보십시오. 만약 당신이 두 가지나 세 가지 주제들을 적어 두었다면 한 번에 한 주제씩 이 서신 전체를 다루십시오.

본 서신의 목적 혹은 주제

주제 구절	중심 사상

당신이 뽑은 주제들 외에 빌립보서에 나타난 특기할 만한 것이 있으면 적어 보십시오.

이제 당신은 개괄적인 공부를 마쳤으므로, 빌립보서의 주제와 배경을 아는 데 도움이 되는 자료를 얻기 위해 참고 서적을 찾아보아도 좋습니다.

개인적인 유익점

빌립보서 전체에서 당신이 기록한 주제 구절들을 복습하고 몇 가지 가능한 적용을 위해서 기도하십시오. 현재 당신 생활에 있어 가장 필요하다고 생각되는 것 하나를 선택하십시오. 그 구절의 진리를 당신의 생활에 적용할 수 있는 방법을 요약하고, 그것을 실행하기 위해 어떻게 할 것인가를 기록하십시오.

"여기 능력 있는 기도를 위한 가장 위대한 비결 하나가 있습니다. 약속의 말씀에 나타난 하나님의 뜻을 발견하기 위해 성경 말씀을 공부하십시오. 그리고 하나님께서 그분의 말씀에 약속하신 대로 시행하실 것에 대한 굳은 기대를 가지고 단순하게 그 약속을 붙잡고 하나님 앞에서 기도로 그것들을 아뢰십시오."

\- R. A. 토레이

빌립보서 1장

예비 공부

제1장을 두세 번 읽고 전체의 내용을 파악하십시오. 그러고 나서 각 절을 묵상하면서 천천히 읽으십시오. 영적인 의미에서 묵상이란 말씀을 이해하고 실천하기 위하여 기도하는 마음으로 깊이 생각하는 것을 뜻합니다. 당신이 생활에 적용할 수 있는 구절들을 적어 보십시오.

제1장을 살펴보면서 어떤 내용이 빌립보서의 전체 주제에 도움이 되는가를 생각하여 보십시오.

이 장은 무엇을 말하는가

8권에서 당신은 각 장들을 문단별로 요약하였습니다. 다음 단계는 **요약식 개요**입니다. 빌립보서 제1장을 읽으면서 몇 문단으로 나누어 보십시오. 요한일서 5장에서 했던 것같이 각 문단에 간단한 제목을 붙이고 그 다음에 각 문단을 요약하여 보십시오. 그렇지 않으면 먼저 각 문단들을 요약하고 그 다음에 제목들을 기록하십시오. 제1장에 대해 연습장에 그렇게 해보십시오. 그 다음에 문단 구분 및 제목이 붙여져 있는 아랫부분으로 넘어가십시오.

제1장의 세 문단에는 제목을 붙여 놓았습니다. 만약 당신 자신이 생각한 제목이 더 좋다면 그것들을 기록해 넣으십시오. 그리고 각 문단들에 대한 요약을 각 절마다 5-10어절 정도로 첨가하십시오. (이렇게 하면 각 문단 제목들을 포함시키지 않고 150-300어절로 1장이 요약됩니다.)

(1:1-2)

빌립보 성도들의 성장을 위한 바울의 사랑과 기도 (1:3-11)

복음을 확장하고 하나님께 영광을 돌리기 위한 바울의 열망 (1:12-21)

(1:22-26)

충성을 위한 도전과 핍박 중에서의 격려 (1:27-30)

문제점

이 장을 공부하여 가는 동안 생기는 문제들을 아래에 적으십시오. 단순히 '이 구절은 무엇을 의미하는가?' 식으로 하지 말고, 무엇이 문제인지 분명하게 기록하십시오. (예를 보십시오.)

절	질 문
1	빌립보에 있는 모든 그리스도인이 성도들로 간주되었는가?
10	지극히 선한 것을 어떻게 분별할 것인가?

참조 구절

당신이 요한일서를 공부할 때처럼 참조 구절은 그 구절을 명확하게 해주고 그 구절을 이해하는 데 도움을 주는 것을 알게 될 것입니다.

빌립보서 1장에서 12,18,20,27 그리고 29절과 같이 또 다른 중요한 몇몇 구절들에 대하여 당신 스스로 참조 구절들을 찾아보십시오. 먼저 같은 주제이거나 그 구절을 설명하여 주는 데 해당되는 것들을 당신이 생각해 낼 수 있는 성경 구절에서 찾아보십시오. 만일 필요하다면 도움을 주는 다른 것을 사용하십시오.

절	참조 구절	중심 사상
6	유 24	
9-11	골 1:9-11	그들의 이해와 행함을 위한 기도.

이 장은 나에게 무엇을 말해 주는가

이 공부의 개인 적용란은 당신의 마음에 특별히 부딪친 성경 말씀을 묵상하고 그것이 당신의 생활을 변화시키도록 실천하는 단계를 계발하도록 도와줍니다.

다음 세 단계는 당신이 택한 구절에 대해 잘 적용하는 방법을 제시해 줍니다. 이 단계들은 새로운 것이 아니며, 근본적으로는 8권에서 당신이 공부한 것을 발전시킨 것입니다.

1. 그 구절(들)에서 말하여 주거나 암시하여 주는 그리스도인 생활 영역에 대한 하나님의 뜻을 찾아서 기록하십시오.

2. 가능하면 최근의 예를 들어서 당신의 생활이 이런 면에서 실제로 어떠한가를 말해 보십시오.

3. 이 말씀에서 당신의 생활을 하나님의 뜻과 일치시키려고 당신이 이미 시도했거나 시도하고자 하는 바를 기록하십시오.

여기에 빌립보서 1:14을 예로 들어 적용해 보았습니다.

1. **우리의 삶은 어떠해야 되는가?**
   14절은 바울에게 그러했던 것처럼 비록 고난을 초래한다 할지라도 그리스도인들이 하나님의 말씀을 두려움 없이 담대히 말하여야 할 것을 나타내 준다.

2. **나의 삶은 어떠한가?**
   나는 가끔 그리스도에 관하여 담대히 말하기를 두려워한다. 나는 어젯밤 아주 좋은 기회를 놓쳤던 것이 특별히 생각난다. 나는 새 이웃을 방문하면서 교회에 다니는 일에 대한 이야기가 나왔을 때 나의 간증을 할 수 있었을 텐데 기회를 잃고 말았다.

3. 그 점에 대해 나는 무엇을 할 수 있는가?

이 구절에서 도전을 받았으므로 나는 이번 주가 다 가기 전에 어떤 사람과 이야기하는 중에 내 간증을 나눌 기회를 잘 사용하기 위하여 담대함을 주시도록 주님께 기도하고 있다. 나는 전도를 하기 위한 그와 같은 기회를 갖기 위하여 특별히 세 사람을 위하여 기도하고 있다.

이제 당신 자신이 세 단계로 적용을 써보십시오.

선택한 적용 구절 ______________________

1. 그리스도인의 삶은 어떠해야 되는가?

2. 나의 삶은 어떠한가?

3. 그 점에 대해 나는 무엇을 할 수 있는가?

빌립보서 2장

예비 공부

성경이나 당신의 요약식 개요를 가지고 빌립보서 1장을 복습하십시오. 책 전체의 가르침과 어떻게 조화되며 또한 이 장과 어떠한 관계가 있는가를 생각하여 보십시오.

전체의 개요를 파악하기 위하여 2장을 두세 번 읽으십시오. 그렇게 한 다음 이 장을 한 구절씩 묵상하면서 주의 깊게 읽으십시오. 그렇게 하면서 당신이 발견하는 문제들을 26페이지에 기록하십시오.

이 장은 무엇을 말하는가

앞 장에서 공부했던 것과 같은 방법으로 이 장의 문단들을 구분하고 구절당 5-10어절로 요약식 개요를 만드십시오. 요약을 한 후에 제목을 붙이든지 요약을 하기 전에 제목을 먼저 붙이든지 당신이 가장 잘할 수 있는 방법으로 하십시오. 만약 당신의 성경에 문단이 표시되어 있으면 그것을 참고는 하되 그것에 얽매이지 말고 자신의 생각대로 구분을 해보십시오.

(2:1-)

문제점

문제가 될 만한 구절들을 아래에 적고 당신 자신의 말로 그 질문을 만들어 보십시오. 보기에 있는 문제를 주목하여 보십시오.

절	질 문
6	이것은 그리스도께서 성부 하나님과 반드시 동등하지는 않다는 것을 뜻하는가?

어떤 문제들은 당신이 2장을 계속 공부하며 깨닫기 위하여 기도할 때 해답이 주어질 것입니다. 또 다른 문제들에 대하여는 해답을 얻기 위하여 더 탐구해야 하겠지만, 곁길로 나가거나 문제들을 해결하는 데만 치중하지 않도록 당신의 주간 공부를 마칠 때까지 기다리십시오. 그러나 당신이 모르는 낱말들이 나오면 그 낱말의 뜻을 꼭 찾아보도록 하십시오.

문제들에 대한 해답을 찾는 데 도움이 되는 제안:

(1) 다른 번역을 보십시오.
(2) 참조 구절을 찾아보기 위하여 성구사전 등을 사용하십시오.
(3) 그 구절을 당신 자신의 말로 표현해 보십시오. 머릿속으로 할 수

도 있고 적어 볼 수도 있습니다.

(4) 성경 핸드북을 참조하십시오.

(5) 주석에서 그 구절들을 찾아보십시오.

참조 구절

참조 구절을 찾을 때에는 단지 같은 단어가 나오는 구절이 아니라 그 구절의 내용과 연관되는 구절을 뽑아야 합니다.

절	참조 구절	중심 사상
3,4	롬 12:10	

이 장은 나에게 무엇을 말해 주는가

연습장에 당신이 적용할 만한 구절들을 적으십시오. 그것들을 묵상하고 주님께서 당신이 적용하기를 원하시는 것이라고 생각되는 한 구절을 택하십시오. 21페이지에 나오는 주의점들을 복습하고 세 단계로 하나의 적용을 써보십시오.

빌립보서 2:3을 예로 들은 적용

1. 하나님께서 그리스도인에게 바라시는 것은 무엇인가?

이 구절은 그리스도인이 분쟁을 일으키는 일은 어떤 것도 해서는 안 되며, 칭찬을 듣거나 남의 관심을 끌기 위한 어떤 일을 해서도 안 되고, 실제로는 다른 사람들을 더 높여야 함을 가르쳐 준다.

2. 나의 삶은 어떠한가?

이 구절은 내가 때때로 다른 사람들을 희생시켜 가면서까지 내 자신이 인정받으려고 얼마나 못된 짓을 하였는가를 마음 아프게 생각나도록 해준다. 나는 요 전날도 이런 것을 하였는데, 우리 회사 감독과 더불어 이야기를 나눌 때 나의 과거의 업적을 나타내면서 간교하게도 동료들을 깎아내렸었다.

3. 그 점에 대해 나는 무엇을 할 수 있는가?

나는 이제 처음으로 이것이 참으로 자백하지 않으면 안 될, 나의 생활에 있는 죄임을 알게 되었다. 나는 이제 다른 사람들을 먼저 생각해 주는 기회를 찾아야만 하겠다. 아마 다음 주에는 우리의 공동 과제를 보고할 때 김 씨를 보고자로 세워 줄 기회가 있을 것 같다. 나는 주님께서 나로 하여금 이런 일을 하도록 은혜를 주시고 참으로 겸손한 마음을 주시도록 기도의 제목으로 삼아야겠다.

적용하기 위해 택한 구절 ______________________

1. 그리스도인은 어떻게 살아야 하는가?

2. 나의 삶은 어떠한가?

3. 그 점에 대해 나는 무엇을 할 수 있는가?

빌립보서 3장

예비 공부

당신은 1장과 2장의 핵심 내용을 기억할 수 있습니까? 그것은 무엇이었습니까?

빌립보서 3장으로 들어가기 전에 당신이 공부한 것으로 1장과 2장을 복습하십시오.

전체 내용을 파악하기 위하여 3장을 여러 번 읽어 보십시오. 그 다음에 '이 장은 무엇을 말하는가'의 부분으로 들어가십시오.

이 장은 무엇을 말하는가

빌립보서 3장과 4장에서 당신은 선택을 하게 됩니다. 당신은 지금까지 **요약식 개요**로 해온 것같이 문단별로 내용을 요약한 후 제목을 붙이는 것을 계속하거나, 혹은 이 장을 **개요**로 만들 수도 있습니다. 당신이 요약식 개요를 택하든지 전적으로 개요를 택하든지 어느 것이든 좋으나, 당신의 목적은 이 장이 말하는 바를 캐내어 발견하고서 그것을 기록하는 일입니다.

어떤 방법이든 첫 번째 단계는 이 장의 주요 문단을 결정하는 것입니다. 그 다음에 각 문단에 간단한 제목이나 표제를 붙이십시오.

만약 **요약식 개요**로 한다면 각각의 문단을 전체적으로 요약해 나가십시오. 이때에는 각 절마다 평균 4-8어절로 요약하여 보십시오. 그렇게 하면 이 장은 84-168어절로 요약이 됩니다. 요약이 간결하면 할수록 그 장의 의미를 더욱 분명하게 파악할 수 있게 됩니다.

개요로 한다면 각각 큰 문단을 심사숙고하고 가능하면 다시 그것을 작은 문단으로 나누십시오. 때로는 이것들이 또 더 작은 문단으로 나누어지게 됩니다.

3장의 첫 14구절을 예로 들어 개요를 만든 것을 살펴보고, 그 다음 연습장에 이 장 전체에 대하여 당신 자신이 개요를 만들어 보십시오. 당신의 개요가 예로 들은 개요와 다르거나 혹은 서로 합치될지도 모릅니다. 개요를 완성한 다음 당신의 책에 옮겨 쓰십시오.

빌립보서 3:1-14을 예로 들은 개요

Ⅰ. 거짓 종교와 참종교 (1-3절)

  1. 거짓 종교는 육신의 행위를 강조함 (1-2절)
  2. 참종교는 믿음에 기초함 (3절)

Ⅱ. 바울의 간증과 경험 (4-14절)

  1. 과거의 자기 의(義) (4-6절)
     가. 유대 전통을 자랑 (4-5절)
     나. 옳은 행위에 대한 열심 (6절)
  2. 그리스도 안에서 현재의 확신 (7-14절)
     가. 그리스도를 위하여 모든 것을 버림 (7-9절)
        (1) 이전의 소유보다 그리스도가 더 나음 (7-8절)
        (2) 자기의 의보다 그리스도의 의가 더 나음 (9절)
     나. 새로운 목표는 그리스도 (10-14절)
        (1) 그리스도를 알고 그분과 같이 되는 일 (10-11절)
        (2) 하나님의 소명을 성취하는 일 (12-14절)

빌립보서 3장의 요약식 개요 혹은 개요

참조 구절

이 장의 각 절을 묵상하고 중요한 구절들에 대한 참조 구절들을 찾아보십시오

절	참조 구절	중심 사상
10	대상 28:9	

문제점

당신이 빌립보서 3장에서 발견한 문제들을 아래에 적어 보십시오.

절	질 문

절	질 문

적용

앞의 1장과 2장의 공부를 통해서 배운, 적용을 쓰는 방법을 복습하십시오. 만약 당신이 아직도 적용할 구절을 마음 가운데 택하지 못했다면 이 장을 정독하면서 당신에게 가장 필요한 말씀을 한 구절을 택하십시오. 당신의 적용을 세 가지로 써보십시오.

이 말씀은 무엇을 가르치는가?
나의 삶은 이 말씀과 비교해 볼 때 어떠한가?
그 점에 대해 나는 무엇을 할 수 있는가?
나는, 나의, 나에게 식으로 구체적이고 개인적인 것이 되도록 쓰십시오.

빌립보서 4장

예비 공부

앞부분을 보지 않고도 1-3장의 요점과 내용들을 기억할 수 있습니까? 기억해 보십시오. 그러고 난 후 4장을 시작하기 전에 그것들을 복습하십시오. 각 장마다 다른 장과 구별되는 점이 무엇인지 주의해 보십시오. 또한 이 따뜻한 개인적인 서신의 각 장에서 예수 그리스도께서 어떻게 초점이 되어 있나를 주의해 보십시오.

이 장을 계속해서 여러 번 읽은 후 묵상하면서 천천히 다시 읽으십시오. 그것들을 연구하는 동안 문제점이나 적용할 수 있는 것들을 연습장을 사용하여 기록해 두십시오.

이 장은 무엇을 말하는가

요약식 개요 또는 **개요**를 작성함으로써 이 장을 다시 분석하십시오.

요약식 개요로 할 때에는 앞의 세 과에서 한 것과 같은 방법으로 하십시오. 이 장을 몇 문단으로 구분하고 각 문단에 대한 제목과 요약을 쓰거나, 먼저 요약을 하고(구절당 4-8어절로) 그 다음 각 문단에 제목을 붙이십시오.

만약 당신이 빌립보서 4장의 **개요**만을 하려면 먼저 당신 자신의 개요를 만들고, 다음에 4장의 일부를 예로 들어 작성한 개요와 비교하여 보십시오. 이번 개요는 33페이지에 예로 들은 개요에 비해서는 덜 상세할 것입니다. 당신이 마지막으로 책에 옮겨 쓸 때 그것을 더 세분할 수도 있습니다. 혹은 이 장 전체를 보다 더 간략하게 할 수도 있습니다.

빌립보서 4:1-7을 예로 들은 개요

Ⅰ. 견고하고 하나 되라 (1-3절)
  1. 주 안에 견고히 서라
  2. 다른 사람들을 도우라
Ⅱ. 기도하며 덕 있는 사람이 되라 (4-7절)
  1. 기뻐하고 관대하라
  2. 모든 것에 대하여 기도하라

요약식 개요 혹은 개요

문제점

빌립보서 4장에 나타난 문제점들을 기록하십시오. 당신이 공부해 가는 동안에 생각나는 문제들을 기록하여도 좋고, 한꺼번에 문제들을 모두 기록해도 좋습니다.

그 장에 대해 기도하고 계속 묵상하는 것이 해답을 찾는 중요한 방법이라는 것을 명심하십시오.

절	질 문

참조 구절

4장에서 중요한 구절 몇을 선택하십시오. 각 구절에 대하여 같은 진리를 담고 있거나 그 사상을 예시해 주는 참조 구절들을 찾아보십시오.

절	참조 구절	중심 사상

적용

당신이 작성한 목록에서나 이 장을 복습하면서 적용하고 싶은 한 구절을 택하십시오. 지금까지 해왔던 것과 같이 적용할 진리, 그것이 현재 어떻게 당신의 생활과 관계가 있는지, 그리고 어떻게 행동으로 옮길 것인지의 세 부분으로 당신의 적용을 써보십시오.

세 번째 단계를 실제적이고 명확하게 하십시오. 당신의 필요는 무엇입니까? 주님께서는 그것에 대해 당신이 무엇을 하기를 원하신다고 생각합니까? 세 번째 단계를 실제적이고 명확하게 하는 일은 이러한 요소에 따라 좌우됩니다. 그러나 정직하게 하십시오. 어떤 사람을 기쁘게 한다든지 다른 사람에게 나타내기 위한 적용은 쓰지 마십시오.

적용을 위해 항상 기도하십시오. 당신이 적용을 쓰기 전에 그리고 그 다음 실제로 적용을 실천해 갈 때 기도하십시오. 자신만의 노력은 당신의 삶을 변화시켜 주지 못합니다. 당신 안에서 변화를 일으켜 주시는 분은 하나님이십니다(빌립보서 2:13).

당신의 적용을 실천으로 발전시킴에 있어서, 당신이 해볼 수 있는 다음과 같은 과제가 있습니다.

1. **즉시 시행할 행동**

   장기간의 적용이 아니라 며칠 안에 성취할 수 있는 한 가지, 또는 장기간의 적용 중 곧 성취할 수 있는 구체적인 한 부분(21-22페이지와 28페이지의 예로 들은 적용을 보십시오.)

   주님께서 당신이 적용하기를 바라시는 것이라고 느껴지는 행동을 당신이 실행하였는지 알아보기 위하여, 메모를 해두었다가 다음에 자신을 점검하는 것은 때때로 도움이 됩니다.

2. 하나님 자신이나 하나님의 진리에 대한 **새로운 태도**(아래의 예).

   당신의 태도가 어떠해야 되는가 구체적으로 기술하고, 특별히 더 기도할 수 있도록 당신의 기도 목록에 적어 두는 것은 참 좋습니다.

   적용 구절을 암송하는 것은 실천 사항을 기억하는 데 도움이 됩니다. 또한 그 구절을 복습하는 것은 하나님의 뜻을 다시 생각나게 하여 주고 당신으로 하여금 기도하도록 일깨워 줍니다.

태도에 관한 적용의 실제적인 예

4절은 그리스도인들이 주님 안에서 항상, 역경 가운데서도 기뻐하라는 강한 명령이다. 이 말씀은 바로 감옥에서 쓰여진 것이 아닌가!

그러나 나의 태도나 행동들은 항상 기뻐하는 이 수준으로부터, 그리고 11절에 언급한 자족으로부터 얼마나 멀리 떨어져 있는가를 보여 준다.

내가 기쁘게 해결할 수 있었던 사소한 문제에 대하여 지난 24시간 이내에만도 나는 두 번이나 짜증을 내고 성급하게 서둘렀다.

이것은 하나님께서 시정하기를 원하시는 것이므로 나는 그것을 내 안에 성취하여 주시도록 하나님을 의뢰하지 않으면 안 된다. 나는 성령께서 나의 삶에서 이 기쁨의 열매를 맺게 해주실 것을 금주의 기도 제목으로 삼겠다.

나는 이 적용을 잊지 않기 위해 4절 말씀을 암송하고 복습하기 위하여 카드에 적었다.

빌립보서 4장에서 택한 적용 구절과 적용 내용

도중에 한 과라도 빠뜨리지 않고 지속적으로 성경공부를 할 수 있도록 **제10권**을 미리 구입해 두십시오.

빌립보서 요약

마지막으로 빌립보서 전체의 통일된 윤곽을 얻기 위해 당신은 이제 책 전체를 요약하게 됩니다.

9-11페이지에서 했던 배경 공부를 먼저 복습하십시오. 그 다음에 당신이 공부한 것을 보지 말고 빌립보서를 한 장씩 상기해 보십시오.

한눈에 본 빌립보서

제1장에서 제4장까지 했던 요약식 개요나 개요를 다시 살펴보고, 각 장에 나타난 각 문단의 제목들을 연습장에 써보십시오. 그것들을 잘 살펴본 후에 바꾸고 싶은 것이 있으면 바꾸고 난 후, 제목들을 아래에 옮겨 쓰십시오.

보기

1. (1:1-2)
2. 빌립보 성도들의 성장을 위한 바울의 사랑과 기도 (1:3-11)
3. 복음을 확장하고 하나님께 영광을 돌리기 위한 바울의 열망 (1:12-21)
4. (1:22-26)
5. 충성을 위한 도전과 핍박 중에서의 격려 (1:27-30)
6. (2:1-)

1, 2, 3 혹은 가, 나, 다 등으로 순서를 쓰십시오.

당신이 적용한 것을 복습하십시오

이미 공부한 다섯 과에서 당신이 생활에 적용하기로 했던 것들을 읽어 보십시오. 이것들을 생활에 실천함에 있어 얼마나 진전이 있었습니까? 이 책의 진리들과 진리의 적용들을 위해서 기도하십시오. 빌립보서를 통해서 당신이 배운 가장 귀중한 교훈이나 당신의 생활에 크게 도전이 된 것은 무엇입니까?

주님께서 위의 사항에 대하여 더 깊이 적용하도록 하시는 것이 있습니까?

선택 과제

다음 과제들은 당신이 빌립보서를 더욱 알차게 요약하고 이해할 수 있게 해줄 것입니다.

1. 각 장의 제목을 5-10어절로 쓰십시오. 그것들을 46-47페이지에 있는 '**한눈에 본 빌립보서**'에 추가하십시오.

2. 각 장의 제목을 참고로 책 전체의 제목을 쓰십시오. 이 서신서의 가르침을 요약할 수 있도록 5-15어절로 쓰십시오.
   (예) **예수 그리스도 중심의 승리의 생활**

제10권은 〈자신의 성서 탐구〉입니다.

당신은 이제 성경공부의 새로운 과정을 마치고 당신 스스로 공부할 부분을 선택할 준비가 되었습니다. 이 책에서는 다음과 같은 내용을 다루게 됩니다.

- 성서 탐구 용지의 사용을 위한 지침
- 당신 자신 스스로 계속 연구해 가는 것에 대한 제안

승리의 생활

초판 1쇄 발행 : 1973년 4월 1일
3판 1쇄 발행 : 2011년 6월 1일
3판 5쇄 발행 : 2022년 10월 20일

펴낸곳 : 네비게이토 출판사 ©
주소 : 03784 서울시 서대문구 연희로 16 (창천동)
전화 : 02) 334-3305(대표), 334-3037(주문), FAX : 334-3119
홈페이지 : http://navpress.co.kr
출판등록 : 제10-111호(1973년 3월 12일)

ISBN 978-89-375-0396-2 03230